小麦粉、卵、
乳製品なし！

まいにち食べたい

米粉のパン・おやつ・料理

管理栄養士
鈴鹿梅子

SHUFUNOTOMOSHA

JN038258

C O N T E N T S

Part.1

パン

目次

Part.2
おやつ

Part.3
料理

この本のレシピの決まり

● 材料は、基本的に重量（グラム）で表記をしています。
　電子スケールを利用して正しく計量してください。

● 小さじ1は5㎖、大さじ1は15㎖です。

● オーブンは機種によって焼き上がりが異なります。
　様子をみながら温度と焼き時間をかげんしてください。

● オーブンを使用するときはミトンや軍手を使うなどして、
　やけどしないよう十分に注意してください。

● 油は米油を使用していますが、オリーブ油やごま油と
　指定がある以外は、植物油にしてもかまいません。

● 作り方の火かげんは、とくに表記のない場合、
　中火で調理してください。

● 調味料や食材には、小麦粉、卵、乳製品が原料として
　含まれていることがあります。
　また原材料に含まれていなくても、その商品を製造する
　工場で小麦粉、卵、乳製品が入ったものを作っている
　可能性があります。商品を選ぶ際には、
　パッケージをよく確認してください。

はじめに

　本書は、米粉で作るパンとおやつ、料理の本です。とくにパンのレシピを公開するのは初めてです。

　小麦粉を含む食事をほとんどとらなくなったことで、長年悩まされてきた体調不良はすっかり改善したものの、もともとパンやおやつが大好き。

　そこで、米粉でおやつを作り始め、ウェブサイト「米粉のレシピ帖」やYouTube、InstagramといったSNSでレシピを公開。米粉のおいしさやおやつ作りの楽しさを届けてきました。

　でも、大好きだったパンを米粉で作るのはとても難しかったのです。

　最初の頃はなかなか思うように焼けませんでした。もちもちしすぎていたり、かたくなったりで「こんなのパンじゃない」というようなものばかり。

　私がめざしたのは、小麦粉のパンのようにふわふわで、翌日もおいしく食べられて、米粉だと言われなければわからないようなパンです。それをどうしても作りたかったのです。

　それがやっと完成し、こうしてお届けできるのが嬉しくてなりません。

　本書のレシピは米粉ペーストを作ったり、細かい計量が必要だったりで少しだけ手間がかかりますが、誰でもおいしく作れるよう考えました。また、小麦アレルギーの人はもちろん、卵、乳製品も不使用なので、より多くの人に楽しんでいただけます。2度、3度と作ってみてください。作るたびにどんどんコツがつかめるはずです。

　みんなでお米をいまより少しでも多く食べたら消費量が増えて、日本のお米と農家さんを守ることにもつながります。輸入に頼らなくてもほぼ自給できているのがお米です。多くの食料を輸入に頼っている私たちがお米を守ることはとても大切だと思います。

　ぜひお米のおいしさを、パンやおやつ、料理でもお楽しみください。

鈴鹿梅子

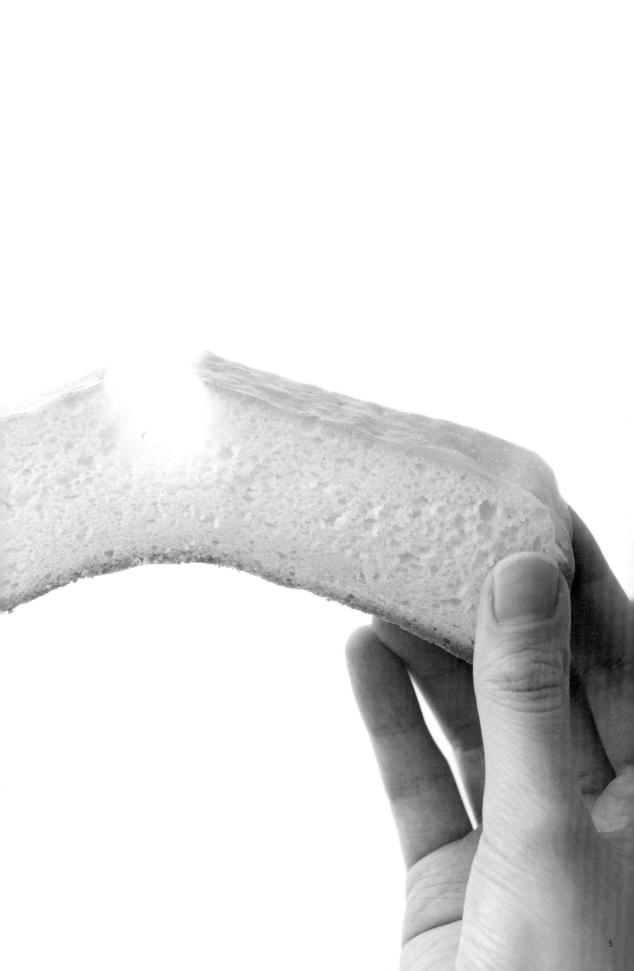

私が使っている材料

米粉パンを作るのに必要な材料、
おやつを作るときの基本の材料をご紹介します。
基本調味料については
ふだんお使いのもので大丈夫ですが、
その役割を知っておくと選びやすくなります。

A 米粉

本書は全レシピで「米の粉」（共立食品）を使っています。米粉は商品によって米の品種や製法、粒子の大きさなどが異なるため、米粉に合わせてレシピを調整する必要があります。まずはこの「米の粉」で作ることをおすすめします。

2種類の米粉をそれぞれ同量の水で溶いたもので、左が「米の粉」の様子。右のようにダマダマになる米粉は打ち粉に使用してください。

B ベーキングパウダー

さまざまなメーカーのものがあります。商品によっては小麦が入っているので注意。原材料に小麦を含まないものを使用してください。

C サイリウム（オオバコ）

さまざまなメーカーのものがあり、メーカーにより水に溶かしたときの状態が違います。これは井藤漢方製薬のもので、インターネット通販で購入。

D ドライイースト

予備発酵させなくていいインスタントドライイーストを使用。発酵の力が強く、イーストの匂いがおだやかなものがおすすめ。サフ（赤）を使用。

E 塩

フランス産ゲランドの塩とトッピング用にミルで削る塩を使っています。ふだんお使いの精製されていない天然塩などがあればそれを使用してください。

F メープルシロップ

本書ではおやつ作りで他の液体とまぜて使っています。どのメーカーのものでも○Kです。

G きび砂糖

さとうきびの風味が残った精製されすぎていない粉末タイプを使っています。とくに指定はないのでふだんお使いの砂糖を使用してください。

H 米油

香りにクセがなくどんな生地にも合わせやすい米油を使用。パンはお好みの油で○K。おやつは香りにクセがないものが合わせやすいです。

I ココナッツオイル

タルトやクッキーなどのおやつで使用。ココナッツオイルを使うと生地がよりサクッとなります。どんな生地にも合わせやすい無香タイプがおすすめ。

A ボウル

パンやおやつ作りでは大小2種類のボウルを使うことが多いです。他に耐熱性の器があると便利。ボウルはお手持ちの器で代用しても。

B 電子スケール

パンやおやつ作りでは計量が欠かせません。0.1g単位ではかれて、容器をのせてから目盛りを0gに設定できる電子スケールが便利です。

C デジタルタイマー

本書では、発酵時間だけでなく、泡立てや加熱時間をわかりやすく分数で表記していますので、デジタルタイマーを設定して作業することをおすすめします。

D ホーロー容器

パンの型に使います。（大）19×23.5×5cm、容量約1390ml、（小）11.5×19×5cm、容量約630ml。容器を使ってパンを作るときに（小）の分量を2倍にすると（大）の分量になります。

E パウンド型

大きさは内寸17×7×6cm。ホーロー容器（小）を使って作るのと同じ分量でパンが作れます（p.18）。

And more

その他に、ミトン、打ち粉をする茶こし、ハサミ、パン用ナイフ、パンを乾燥から防ぐラップやシャワーキャップ（p.14）などがあると便利です。

あるといい道具や型

本書で使用している道具や型がこちらです。これら道具類は全部そろっているとラクに作れますが、中にはお手持ちのもので代用できるものもあります。工夫してやってみてくださいね。

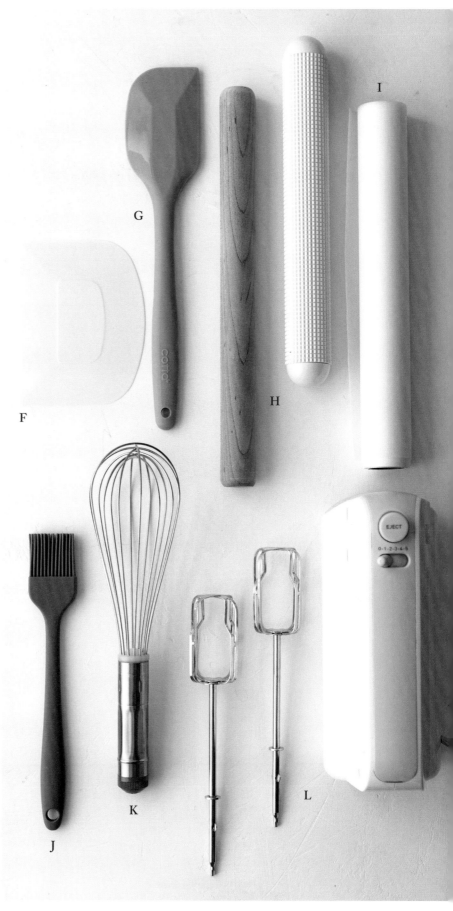

F スクレーパー（カード）

パンやおやつ作りで生地を切ったり、台の上で集めたりくっついているのをはがすのにとても便利。ハードタイプを使用しています。

G ゴムべら

粉類をまぜ合わせる、こねる、ボウルなどについた生地を集めるのに使います。耐熱性で、パン生地にはしならないかたいタイプがおすすめです。

H めん棒

木製のめん棒は生地全般に、白いでこぼこタイプはパン生地用に使っています。長さ25cm（左）、22cm（右）を使用。

I オーブンシート

幅25cmのものだとホーロー容器（大）（小）のどちらにも対応。天板や型に敷いてくっつくのを防ぎます。100円ショップでも見つかります。

J ハケ

シリコン製のハケです。本書では生地に油を塗るためと、天かすを揚げるときに生地をすくうために使用しています。

K 泡立て器

粉類や液体類をしっかりまぜ合わせたり、生地を均等にまぜるときなど、さまざまな場面で使います。小さいものでいいのであると便利です。

L ハンドミキサー

パンの生地作りで主に使用します。強力な撹拌力で生地を泡立てることができるので、生地に空気が入り、パンが驚くほどふんわりと焼けます。

Part.1

パン

米粉で小麦粉と同じか、それ以上に
おいしいパンが作れないかと試行錯誤を重ねて、
ふんわり、しっとりと翌日までおいしい米粉パンができました。
表面はカリッとしているのに中はふんわりの、
ハード系はとくに自慢のレシピ。
少し手間がかかるかもしれませんが、誰でも間違いなく
おいしく作れるようこだわりました。
まずはレシピ通りにチャレンジしてみてください。

おいしさの秘密は
米粉ペースト

POINT
1

米の力がアップ

本書のパンは、米粉を水で溶いて加熱することで糊化した米粉ペーストを生地に加えています。これは米の主成分であるでんぷんの性質を利用したもので、米粉だけで作るより生地の力を強くしてくれるようです。

POINT
2

ふんわり感が出る

米粉ペーストが入った生地に発酵力の強いインスタントドライイーストを入れて焼くと、気泡が生地全体に均等にできます。これが「ふんわり」とした食感を作る秘密です。また、米粉ペーストのおかげで翌日までふんわり感が持続します。

POINT
3

次の日も美味

米粉ペーストを使って焼いた米粉パンは、乾燥しないようしっかりラップで包めば常温でもパサつかず、翌日までふんわりとしっとりが持続するんです。トースターで少し加熱したら、焼きたてのおいしさがカムバックします！

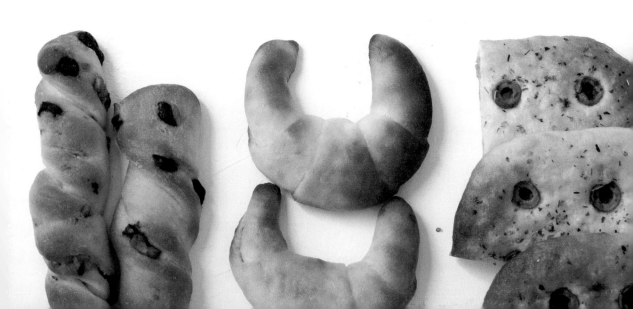

米粉ペーストの作り方、使い方

米粉ペーストを入れることでよく膨らみ、
米粉で作ったとは思えないほどしっとりしたパンらしいパンになります。
米粉と水を火にかけてまぜるだけなので、慣れると手早くできます。

材料 | 米粉 … 15g ┐ できあがり → ホーロー容器(大) 1回分
         | 水 … 100g ┘ 約74g   ホーロー容器(小) 2回分

作り方

1

小鍋に米粉と水を入れ、ゴムべらでダマがなくなるまでまぜ合わせる。

2

小鍋を中火にかける。ゴムべらでまぜ続ける。

3

鍋に当たるふちの部分がブクブクとしてきたら、さらに2分まぜ続けながら加熱する。

4

どろっとした状態がとろりとして、さらさらと流れるようになったらできあがり。

ペーストがぼてっと落ちる状態ではまだ早い。

米粉ペーストを入れるとこんなに違う

写真左から 1. 米粉ペーストなし、ハンドミキサー攪拌5分、2. 米粉ペーストあり、ハンドミキサー攪拌3分、3. 米粉ペーストあり、ハンドミキサー攪拌5分、で作った生地をパウンドケーキ型に入れて焼きました（作り方はp.18-19）。明らかに膨らみ方が違うだけでなく、米粉ペーストが入ると気泡が増えます。これがふんわり感を作る秘訣。

使い方

できたてを使う場合

できたては、そのまますぐに使えます。

冷蔵庫や冷凍庫から出して使う場合

レシピにあるぬるま湯のうち、半量を熱湯に変え、冷たい米粉ペーストにまぜてほぐしてから（冷凍したものは解凍してから）、残り半量を常温の水にして加え、よくかきまぜてください。これで水と米粉ペーストが適温になります。あとは各パンの作り方通りにすれば大丈夫です。

保存は冷蔵も冷凍もOK

残った米粉ペーストは清潔な容器に入れ、冷蔵、または冷凍保存が可能です。冷蔵の場合は2-3日で、冷凍は約1か月で使い切ってください。

必ず「水+米粉ペースト」が 35-40℃になるように注意！

米粉ペーストを冷蔵した場合、冷蔵庫から出してすぐは固くなっています。必ず温めてほぐしてから使用してください。

米粉パンをおいしく作って
食べるために

米粉パンを作るときや食べるときに、おさえておきたいポイントをまとめます。
ほんのちょっとのコツをおさえるだけで、できあがりもおいしさも全然、違うんですよ。

作り方のコツ

細かい分量をはかるときは、風袋引き機能を活用すればラク

電子スケールの風袋引き機能（容器をのせて目盛りを0gに設定する）を使えば、ボウルをのせ、目盛りを0gにして材料を入れられて作業がはかどります。

米粉ペーストをボウルに入れてはかったら、次に使うスプーンを入れて、電子スケールの風袋引き機能でゼロにします。

スプーンを入れたまま熱湯、次に水を加えていけば、まぜながら1gまで簡単にはかれます。

打ち粉をすれば作業がスムーズ

米粉の生地はベタベタとくっつきやすいので、台やめん棒、手などにあらかじめ米粉を振って作業します。打ち粉に使う米粉は「米の粉」の他、どの米粉でもOK。

台には茶こしで振る

めん棒にも薄く振る

手にも薄く振る

乾燥しやすいのでラップをふんわりかけて

発酵して生地が膨らむことを考慮して、全体をふんわり包むようにするといいですよ。

ボウルにはシャワーキャップが便利

100円ショップで売られているシャワーキャップが乾燥防止に便利でよく使っています。

焼くときはオーブンの天板をひっくり返して使う

天板の立ち上がりが邪魔をして焼きムラが出ることがあるので、平らな面を使うとうまくいきます。

冷ますときはホーロー容器に入れたままで

ホーロー容器に入れてラップをしないで冷ますことで、適度に蒸気を逃がしながらパンが水分を保ち、しっとりした食感が生まれます。成形パンは天板から網の上に移してあら熱をとりましょう。焼きたてをどうぞ。

切り分けるときは完全に冷めてから

熱いうちは包丁で切るのが難しいので、完全に冷めてからスライスします。焼きたてを食べるときは手でちぎってください。やけどに注意！

保存には冷凍を。ラップ＋アルミホイル

すぐに食べないパンは、ラップでひとつずつくるんで冷凍。アルミホイルで包むかジッパーつき保存袋に入れるとおいしさがさらに保てます。

あたためるときはオーブントースターがベスト

冷凍した場合は、自然解凍をしてからオーブントースターへ。あたためるパンの大きさにもよりますが、ホーロー容器（小）の米粉パンなら切り分けてひと切れ4-5分、バトンパンやウインナーパン、ベーコンエピなど成形パンは4-5分で様子をみながらあたためて。電子レンジ（500W）を使うときは、ラップなしで20-30秒ずつ様子をみてください。

うっかり放置してカチカチになってしまったホーロー容器の米粉パンのアレンジ技

1 ラスク

2×2×厚さ1cmにスライスして、油を熱したフライパンに入れて弱火でじっくりカリカリになるまで焼き、砂糖を適量加えてからめます。シナモンパウダーを追加しても。

2 パン粉

2日ほど冷蔵庫に入れて、すりおろせばパン粉になります。できあがったら放置せず、2日ほど冷蔵庫に入れてすりおろすのがベター。

ホーロー容器の準備　　米粉パンは生地がくっつきやすいので、オーブンシートを容器に敷きます。

オーブンシートの切り方

1 容器にオーブンシートをかぶせて折り、すべての辺の印をつけます。

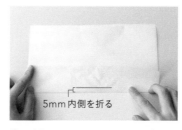

5mm 内側を折る

2 折ってつけた印より5mm内側を折ります。

3 四隅に切り込みを入れます。

アルミホイルのふたを用意

4 容器に敷きます。

5 オーブンでの焼き始めに必要なアルミホイルのふたは容器でかたどって作ると簡単です。

6 生地を入れ、発酵した生地がくっつかないようにふんわりかぶせ、すきまから空気が入らないようふちを折り込む。

ホーロー容器の米粉パン

ホーロー
米粉パン

大容器

Arrange
ココア×
オレンジピール

Arrange
レーズン

ホーロー
米粉パン

小容器

ホーロー
米粉パン

パウンド型

Arrange
トマトジュース

Arrange
青のり

ホーロー容器の米粉パン

ホーロー容器の（大）と（小）、パウンド型を使って、まずは米粉パン作りにチャレンジ！
ホーロー容器（大）は（小）のちょうど2倍、パウンド型はホーロー容器（小）と同じ分量で作れます。

材料

容器（小）11.5×19×5cm　容量約630ml *2

米粉 … 150g

きび砂糖 … 13g

塩 … 2g

インスタントドライイースト … 3g

米粉ペースト *1 … **37g**

ぬるま湯 *1 … **105g**

米油 … 11g

*1 米粉ペーストは、できたての場合と、冷蔵庫から出したてで冷たい場合とでは
　　扱い方や合わせるぬるま湯の温度が異なる。p.13を参照。

*2 容器（大／19×23.5×5cm、容量約1390ml）で作るときは材料をすべて2倍にする。

下準備

● ホーロー容器にオーブンシートを敷く（p.15）。

● アルミホイルでふたを作る（p.15）。

作り方

1

米粉、きび砂糖、塩、ドライイーストをボウルに入れ、ゴムべらでまぜ合わせる。

2

別のボウルに米粉ペースト、ぬるま湯、米油を入れてよくまぜる。

3

1に2を入れてゴムべらでよくまぜる。少々ダマが残っていても大丈夫。

4

ハンドミキサーの高速で5分まぜ続ける。

このくらいのとろみ加減をめざす。

5

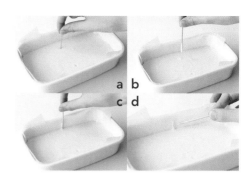

容器に生地を流し入れる。右の写真を参考につまようじで発酵の目安の印をつける。

つまようじを底までさして生地の高さを測り、1.5倍の高さに印をつける。ここまで発酵させる。

a つまようじを底までさして持ち上げる
b つまようじにつくのが生地の高さ
c オーブンシートに押しつけて印をつける
d シートについた生地の半分のところに印をつける

6

容器にラップまたはシャワーキャップをふんわりかぶせて、室温で発酵させる。**160℃でオーブンの予熱を始める。**

シャワーキャップ

発酵時間の目安

室温によって違いはあるが、発酵時間の目安は以下の通り。2倍まで発酵させてしまうと過発酵になるので、注意。

発酵20分 → 1.5倍
発酵25分 → 2倍

7

容器のラップを取る。1.5倍に膨らんだ状態。発酵完了。この時点でオーブンの予熱ができていることがポイント。

8

アルミホイルのふたをかぶせる。オーブンで焼く。

焼き時間

160℃で10分、
200℃に上げて15分、
ホイルのふたを取り、
200℃で15分。
容器に入れたまま冷ます。

ホーロー容器の米粉パン Arrange

いろいろアレンジ

具をまぜたり、ぬるま湯のかわりに
トマトジュースを使ったりして、
生地の味を変えてみました。
ホーロー容器（大）で作るときは、
分量をすべて2倍量にしてください。

ホーロー容器の大きさ
小 ： 11.5×19×5cm、容量約630ml

クセになる
ほろ苦さと甘さ

王道の
レーズンパンが
簡単に
できちゃう！

ココア×
オレンジピール

レーズン

材料[小容器1個分]

ホーロー容器のパン生地(p.18-19)
＊米粉150gを143gにし、ココアパウダー7gを加える
＊きび砂糖13gを15gにする
＊ぬるま湯105gを115gにする
オレンジピール（刻む）… 35g

作り方

1　p.18の作り方 1-4 と同様に材料をまぜ合わせる。

2　1にオレンジピールを入れ、均等になるようゴムべらでまぜる。

3　p.19の作り方 5-8 と同様に作る。

材料[小容器1個分]

ホーロー容器のパン生地(p.18-19)
レーズン … 40g

作り方

1　レーズンは5mmぐらいの大きさに刻んでザルに入れ、熱湯をかける。

2　p.18の作り方 1-4 と同様に材料をまぜ合わせる。

3　2にレーズンを入れ、均等になるようゴムべらでまぜる。

4　p.19の作り方 5-8 と同様に作る。

下準備　＊4種とも同じ

- 容器にオーブンシートを敷く(p.15)。
- アルミホイルでふたを作る(p.15)。
- オーブンを160℃で予熱する。

焼き時間　＊4種とも同じ

160℃で10分、
200℃に上げて15分、
ホイルのふたを取り、
200℃で15分、
容器に入れたまま冷ます。

トマトジュース

ほんのり赤い
生地が
かわいい！

材料 [小容器1個分]

ホーロー容器のパン生地 (p.18-19)

＊ぬるま湯105gを50gにし、トマトジュース60gを加える

作り方

1　p.18の作り方 **1-4** と同様に材料をまぜ合わせる。米粉ペーストが冷たい場合はぬるま湯を熱湯に変える。残りの水をトマトジュースに変えて入れ、まぜ合わせる。

2　p.19の作り方 **5-8** と同様に作る。

青のり

意外な
おいしさに
驚きの声が
上がる！

材料 [小容器1個分]

ホーロー容器のパン生地 (p.18-19)

青のり … 小さじ1

作り方

1　p.18の作り方 **1-4** と同様に材料をまぜ合わせる。

2　**1** に青のりを入れ、均等になるようゴムべらでまぜる。

3　p.19の作り方 **5-8** と同様に作る。

Arrange

3種のおかず風
フォカッチャ

お好み焼き風

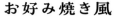

じゃがいも × かぼちゃ

ホーロー容器（大）を使った、
ハーブ×ソルトのふわふわなフォカッチャ風や、
じゃがいもとかぼちゃをのせたお食事パン、
お好み焼き味のおかずパン。
米粉は200gで作ります。

ハーブ × ソルト

ホーロー容器の大きさ ＊3種とも同じ

大：19×23.5×5cm、容量約1390ml

材料

米粉 … 200g

きび砂糖 … 18g

塩 … 3g

インスタントドライイースト … 4g

米粉ペースト … 50g

ぬるま湯 … 140g

油（あればオリーブ油）… 15g

下準備 ＊3種とも同じ

● 容器にオーブンシートを敷く（p.15）。

● アルミホイルでふたを作る（p.15）。

トッピング

ハーブ × ソルト

油（あればオリーブ油）、イタリアンハーブミックスまたはローズマリー、塩 … 各適量

じゃがいも × かぼちゃ

じゃがいもとかぼちゃ … 計80g

油（あればオリーブ油）、ブラックペッパー、イタリアンハーブミックスまたはローズマリー、塩 … 各適量

お好み焼き風

ソース（アレルギー対応品）、マヨネーズ（アレルギー対応品）、桜えび、紅しょうが、青のり、かつおぶし … 各適量

ふわふわのフォカッチャを
召し上がれ

ハーブ×ソルト

作り方

1 p.18-19の作り方 1-6 と同様に作る。

2 容器のラップを取り、生地の表面にハケで油を塗り、ハーブと塩を振る。ホイルをかぶせる。

3 オーブンで焼く。ホイルをかぶせて160℃で10分、200℃に上げて10分焼き、ホイルのふたを取って200℃でさらに15分焼く。容器に入れたまま冷ます。

じゃがいもとかぼちゃの
甘みがいいアクセントに

じゃがいも×
かぼちゃ

作り方

1 じゃがいもは縦半分に切り、3mm厚さの薄切りにする。かぼちゃは3mm厚さの薄切りにし、じゃがいもの大きさに合わせて切る。水けをキッチンペーパーでしっかり拭きとってボウルに入れ、油5gを入れてあえておく。

2 p.18-19の作り方 1-6 と同様に作る。

3 容器のラップを取り、生地の表面にハケで油を塗る。

4 じゃがいもとかぼちゃを交互にのせる。ブラックペッパー、ハーブ、塩を振る。

5 オーブンで焼く。ホイルをかぶせて160℃で10分、200℃に上げて10分焼き、ホイルのふたを取って200℃でさらに15分焼く。容器に入れたまま冷ます。

子どもも大人も
夢中になる味！

お好み焼き風

作り方

1 p.18-19の作り方 1-6と同様に作る。

2 容器のラップを取り、ホイルをかぶせて160℃で10分、200℃に上げて10分焼き、ホイルのふたを取って200℃でさらに10分焼く。

3 全体にソースとマヨネーズをかける。ホイルなしのまま200℃で5分焼く。

4 残りの材料をすべてトッピングし、容器に入れたまま冷ます。

Column
ふんわり実験室

本書では米粉ペーストを入れた米粉生地をハンドミキサーの高速モードを使ってまぜることで、ふんわり、しっとりが翌日まで続く米粉パンを紹介しています。まぜる分数を変えてみたり、ゴムべらだけでまぜたらどのくらい違いが出るのか、実験してみました。

ハンドミキサーの高速モードで泡立てて比べてみた！

3分 **4分** **5分**

パン生地のキメは細かいものの、気泡がつぶれて詰まってしまいました。とくに底部分はみっちりした生地になっています。全体にふんわりしているのでおいしいと感じます。

気泡が全体に増えて、生地が上部に向かってのびようとしたものの生地に力が足りず、重みで外側中央部が詰まってしまいました。比べなければ気づかない程度です。

気泡が全体にまんべんなく広がり、しっかりした山形パンになりました。気泡があっても生地のキメは問題なく、ふんわり、しっとりとした理想のパンになっています。

まとめ

ハンドミキサーの高速モードで泡立てることで、生地全体に空気が含まれ、イーストの発酵の力で生地に気泡が生まれます。しかし、泡立てが足りないとせっかくできた気泡がつぶれてしまったり、生地の強度が足りず、理想の山形パンにはならないことがわかりました。泡立てはぜひ5分間をめざしてください。

実験で使った型はコレ！
パウンドケーキ型（17×7×6cm）

ゴムべらでがんばってまぜてみた！

| 1分 | 3分 | 5分 |

一定速度を保ちながらかなりがんばってまぜたのですが、パンのトップがつぶれてしまいました。明らかに生地の強度不足。大きい気泡も上部にしかなくごわついています。

一定速度でまぜ続けるには長く、途中で少し息切れしてしまいました。パンの形としてはきれいにのびたのですが生地のキメは一定せず、もう少しがんばりたいところです。

まぜ続けるのが厳しく、かなりがんばる必要がありました。生地のキメが揃ったのであきらめなくてよかったと思ったのですが、日常的にやるのはしんどい印象です。

まとめ

ゴムべらでまぜた場合、1分と3分は明らかにまぜ方が足りず、せっかくのふわっと感が出ずつぶれてしまいます。また、生地のキメが整わなくなることもわかりました。小麦粉で作る食パンのような翌日までふんわり、しっとりした感じの仕上がりをめざすならぜひ5分間、しっかりとまぜ続けてください。

成形パン用の基本生地

p.30-57で紹介する米粉の成形パンは、ここで紹介する基本生地で
形を作っていきます。基本生地の作り方さえマスターしたら、成形パンが作り放題！
発酵時間も短くて済むので、食べたいときにすぐ、が叶います。

材料

米粉 … 150g
きび砂糖 … 15g
塩 … 2g
インスタントドライ
　　イースト … 3g

米粉ペースト *1 … **55g**
ぬるま湯 *1 … **115g**
米油 … 15g
サイリウム(オオバコ) *2 … **5.4g**

*1　米粉ペーストとぬるま湯を合わせてゆるめて、
　　35-40℃になるようにする(p.13)。
*2　1g単位のスケールで計量する場合は5g。

作り方

1

米粉、きび砂糖、塩、ドライイーストをボウル
に入れ、ゴムべらでまぜ合わせる。

2

別のボウルに米粉ペースト、ぬるま湯、米油
を入れ、しっかりまぜ合わせる。

3

1に**2**を入れ、ゴムべらでまぜ合わせる。少々
ダマが残っていても大丈夫。

4

ハンドミキサーの高速で3分まぜ続ける。

5

まぜ続けて3分たった状態がこちら。

6

ボウルのふちについた生地をゴムべらで落とす。

7

ボウルのふちにつかないよう気をつけながらサイリウムを全体に振り入れ、すぐにハンドミキサーの高速で30秒まぜる。

8

サイリウムがまざってくるとだんだんと重たくなって、生地がたれてこない状態に。

9

ゴムべらに持ち替えて、柄を短く持ち、力を入れて全体をこねるようにしっかりと3分まぜる。

10

ゴムべらを使って生地をボウルの中でひとつにまとめる。触ると指に生地がくっつくほどべたついているが、気にしなくても○K。

11

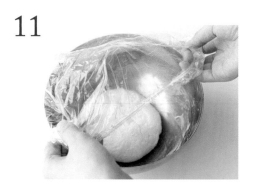

ラップまたはシャワーキャップをかぶせて乾
燥を防ぎ、そのまま15-20分室温におく(一
次発酵)。

12

発酵完了。

13

ボウルの中に入れたままゴムべらでこねるよ
うにまぜて、ガス抜きをする。ゴムべらを使っ
て全体をまとめる。

14

この生地が
p.30-57の
ベース

成形パン用の
ココナッツミルク生地

基本生地にココナッツミルクをプラスすることで、
コクと風味を出しました。
ココナッツミルクのあまーい香りに
食べたい気持ちがさらに高まります！

材料	
	米粉 … 150g
	きび砂糖 … 15g
	塩 … 2g
	インスタントドライイースト … 3g
	米粉ペースト *1 … **55g**
	ぬるま湯 *1 … **60g**
	ココナッツミルク *1 … **60g**
	米油 … 15g
	サイリウム(オオバコ) … 5.4g

作り方

基本生地(p.26-28)と同じ。

*1 米粉ペーストとぬるま湯、ココナッツミルクを
合わせてゆるめて、35-40℃になるようにする
(p.13)。

米粉ペーストが冷たい場合はぬるま湯を熱
湯に変え、ココナッツミルクを加える。

ココナッツミルクについて

手に入りやすいものを使ってください。
ネットで探すと、オーガニックのココナッ
ツミルクも見つかります。中がかたまっ
ているときは湯せんにかけて全体を均
等にしてから計量を。(左)スーパーの
店頭などにあり、比較的入手しやすい。
(右)ネットで購入しているオーガニック
100%のもの。

ココナッツミルクがあまったら

ココナッツミルク生地に一度使うだけで
はあまるので、あとでとり出しやすいシ
リコン製の型に入れて冷凍しています。
製氷皿でも。パン生地に使用時は、自
然解凍するか湯せんで温めて。フロラン
タン(p.74)のときは小鍋でそのまま加
熱調理をしても。

Focaccia

シンプルなフォカッチャ

オリーブ油とハーブと塩だけのシンプルな
イタリアのフォカッチャを米粉で作ってみたら
カリカリもちもちがさらにアップ。
お好みでオリーブの個数を変えてみて。
食べ頃は冷めてから。翌日が実はおいしいんです。

材料［5個分］

成形パン用の基本生地（p.26-28）

オリーブ（種なし。横半分に切って水けを拭く）… 12個

塩 … 適量

イタリアンハーブミックスまたはローズマリー … 適量

オリーブ油 … 適量

下準備

● 天板をひっくり返して
オーブンシートを敷く。

作り方

1

台に打ち粉（分量外 p.14）をする。
p.26-28と同様に作った基本生
地を2分割する。

2

天板にのせて、めん棒で18×
12cmにのばす。これを2個作る。

3

ラップをかけて室温で約20分お
く（二次発酵）。**250℃でオーブン
の予熱を始める。**

4

発酵完了。

5

生地にハケでオリーブ油をたっ
ぷりに塗る。

6

指で穴をあけてオリーブの断面
が上になるよう埋め込む。

7

塩とハーブを全面に振る。オーブンで焼く。**250℃で12分。**

Baton bread

おやつリレーのバトンパン

くるみ × チョコレート

リレーで使うバトンのような
形だからバトンパン。
生地の間に具をはさめば、
おかずパンにもおやつパンにもなります。
表面はパリッ、噛んだらしっとり
ふわふわの生地が魅力。
焼きたてをぜひ楽しんで。

Arrange
青じそ × 梅おかか

Arrange
枝豆 × チーズ

バトンパン くるみ × チョコレート

材料 [6本分]（1本17cm長さ）

成形パン用の基本生地（p.26-28）

くるみ（ロースト 1cm角に刻む）… 30g

チョコレート（アレルギー対応品 1cm角に刻む p.51）… 30g

米油 … 適量

下準備

● 天板をひっくり返してオーブンシートを敷く。

おやつにパクパク
さくふわパン！

枝豆 × チーズ

枝豆とチーズの
焦げがアクセント

青じそ×
梅おかか

米粉だもの、
おにぎりの
具が合う！

材料 [6本分]

成形パン用の基本生地（p.26-28）

枝豆 … 50g

乳不使用チーズ（アレルギー対応品）… 25g

塩、ブラックペッパー、ガーリックパウダー … 各少々

米油 … 適量

アレルギー対応の
乳不使用チーズで
シュレッドタイプ。

作り方

1　p.35の作り方 1 と同様に作る。

2　生地の半面に塩、ブラックペッパー、ガーリックパウダーを振り、枝豆と乳不使用チーズをのせて軽く押さえ、残り半分の生地を折って具にかぶせて軽く押さえる。

3　くるみ×チョコの作り方 4-8 と同様に作る。

材料 [5本分]

成形パン用の基本生地（p.26-28）

青じそ（粗みじん切り）… 7枚

梅干し（種を取る）＊ … 18g

かつおぶし ＊ … 6g

しょうゆ ＊ … 10g

米油 … 適量

＊ 梅干しをつぶしながらなじませるようにまぜる。

作り方

1　p.26-28と同様に作った基本生地に青じそをまぜる（p.42の作り方1、2のようにまぜ込む）。

2　p.35の作り方 1 と同様に作る。

3　生地の半面に＊をのせて軽く押さえ、残り半分の生地を折って具にかぶせて軽く押さえる。

4　くるみ×チョコの作り方 4-8 と同様に作る。

作り方

1 台に打ち粉(p.14 分量外)をする。p.26-28と同様に作った基本生地をめん棒で約28×20cmにのばす。全体的にハケで薄く油を塗る。

2 生地の半面にくるみとチョコレートをのせて軽く押さえる。

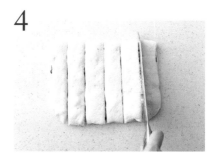

3 残り半分の生地を折って具にかぶせて軽く押さえる。

4 6等分に切り、天板にのせる。

5 1本ずつ全体をねじる。

6 ラップをかけて室温で約20分おく(二次発酵)。**190℃でオーブンの予熱を始める。**

7 発酵完了。

8 表面にハケで薄く油を塗る。オーブンで焼く。**190℃で20-22分。**

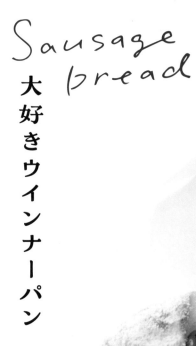

Sausage bread

大好きウインナーパン

「おなかすいた！」の声にすぐこたえられる、
簡単で手早くできるおかずパンです。
ウインナーの水けをしっかり拭いて焼いてくださいね。
焼きたてが食べ頃です。

材料 [5本分]

成形パン用の基本生地(p.26-28)

ウインナーソーセージ(水けを拭いて縦半分に切る) ··· 7と½本

下準備

● 天板をひっくり返してオーブンシートを敷く。

作り方

1

台に打ち粉(p.14 分量外)をする。p.26-28と同様に作った基本生地を5分割する。

2

約22×5cm(ウインナーが縦3本並ぶ長さ)になるようめん棒でのばす。

3

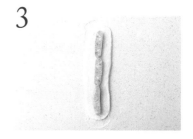

ウインナーの断面を上に向けて生地に並べる。

4

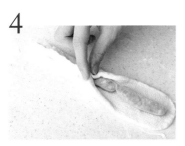

生地をとじ、転がして形を整える。これを5本作る。

5

とじ目を下にして天板に並べ、ラップをかけて室温で約20分おく(二次発酵)。**250℃でオーブンの予熱を始める。**

6

発酵完了。

7

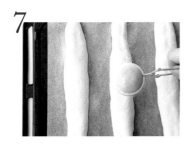

茶こしで生地に米粉(分量外)を振る。

8

包丁で6〜7か所切り込みを入れる。

9

オーブンで焼く。**250℃で13-15分。**

Bacon épi

お米のベーコンエピ

ハード系の代表格が米粉でできます。
生地に粒マスタードを塗り、
ベーコンの上にブラックペッパーを振って
巻き込んでも。焼きたてが食べ頃です。

作り方

1

台に打ち粉（p.14 分量外）をする。
p.26-28と同様に作った基本生
地を4分割する。

2

約24×9cmになるようめん棒で
のばす。

3

生地の上にベーコンをのせる。

4

両側の生地を折ってベーコンに
かぶせる。

5

さらに両側から半分に折り、
とじ目を指で押さえてしっ
かりとじる。

材料［4本分］

成形パン用の基本生地（p.26-28）

ベーコン … 4枚

米油 … 適量

下準備

● オーブンシートを25×7cmの短冊形に4枚切って
  ひっくり返した天板に敷く。
● ベーコンはキッチンペーパーにはさんで水けを拭く。

6

くるくると転がして棒状にする。こ
れを4本作る。

7

とじ目を下にしてオーブンシート
にのせ、ラップをかけて室温で約
20分おく（二次発酵）。**250℃で
オーブンの予熱を始める。**

8

表面にハケで薄く油を塗る。

9

キッチンばさみで切り込みを入れ、左右交互に広げる。5-6か所が
目安。オーブンで焼く。**250℃で18分。**

Fougasse

ぱりぱりフーガス

ハーブ × ソルト

葉っぱの形が楽しいフーガスは、
米粉ならではのパリッとした生地が魅力。
和風・洋風の塩味と甘いおやつパンを作りました。
いずれも焼きたてが食べ頃です。

Arrange
ひじき

Arrange
くるみ×あんこ

フーガス ハーブ × ソルト

ワインのお供に ぴったり

材料［5個分］

成形パン用の基本生地(p.26-28)

ハーブミックス … 大さじ1
塩 … 適量
オリーブ油 … 適量

下準備

- 天板をひっくり返して オーブンシートを敷く。

作り方

1
台に打ち粉(p.14 分量外)をする。p.26-28と同様に作った基本生地にハーブミックスを振る。

2
手のひらで前に押すように生地をのばし、たたんでのばす作業を繰り返して、ハーブミックスを均等にする。

3
生地を5分割する。

4
手のひらサイズにのばす。

5
テーブルナイフで切り込みを入れる。

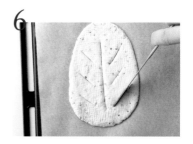

6
葉脈のように左右に3本の切り込みを入れる。

7
切り込みを入れた部分をテーブルナイフで広げて形を整える。これを5個作る。

8
ラップをかけて室温で約20分おく(二次発酵)。**250℃でオーブンの予熱を始める。**

9
発酵完了。

10

11

生地にハケで薄く油を塗る。

塩を振って、オーブンで焼く。
250℃で12-14分

ひじき

米粉にしょうゆ煮、
間違いない！

パリッとした生地と
くるみのザクザクが◎

くるみ × あんこ

材料［5個分］

成形パン用の基本生地 (p.26-28)

ひじきしょうゆ煮

| 乾燥芽ひじき … 6g
| しょうゆ … 大さじ1/2
| ごま油 … 小さじ1

白いりごま … 8g
塩 … 適量
ガーリックパウダー… 適量
ごま油 … 適量

下準備

● 天板をひっくり返してオーブンシートを敷く。

作り方

1　ひじきのしょうゆ煮を作る。ひじきを水で20分戻して洗い、ザルに上げて水けをきる。フライパンにごま油を熱してひじきを3分炒め、しょうゆを入れて水分がなくなるまで炒める。冷ます。

2　台に打ち粉 (p.14 分量外) をする。p.26-28の基本生地と同様に作る。

3　生地にひじきのしょうゆ煮とごまを加え、均等にまぜる。

4　p.42-43の作り方 **3-10** と同様に作り、塩とガーリックパウダーを振り、オーブンで焼く。
250℃で12-14分。

材料［5個分］

成形パン用の基本生地 (p.26-28)

くるみ (ロースト 1cm角に刻む) … 40g
あんこ (市販品) … 100g
米油 … 適量

下準備

● 天板をひっくり返してオーブンシートを敷く。

作り方

1　台に打ち粉 (p.14 分量外) をする。p.26-28の基本生地と同様に作る。生地にくるみを加え、均等にまぜる。

2　生地を5分割し、手のひらサイズにのばし、表面にハケで薄く油を塗る。

3　生地の下半分にあんこをのせる。残り半分の生地を折って具にかぶせて軽く押さえ、天板にのせる。

4　p.42-43の作り方 **5-10** と同様に作り、オーブンで焼く。　**250℃で12-14分**。

Fig bread

あまずっぱいフィグ

ずっしり重いパンですが、
食べるとしっとりやわらかくて
クセになる甘いパンです。
おやつにも、洋食のお供にも。
完全に冷めてから、
1cmくらいに切って召し上がれ。

材料［5個分］

成形パン用の基本生地（p.26-28）

いちじく（乾燥 2cm角に刻む）… 120g
くるみ（ロースト 1cm角に刻む）… 50g

下準備

● 天板をひっくり返して
　オーブンシートを敷く。

作り方

1

台に打ち粉（p.14 分量外）をする。p.26-28と同様に作った基本生地にいちじくとくるみをのせる。

2

手のひらで前に押すようにのばして半分に折りたたむを繰り返して、具が均等になるようのばす。

3

生地を5分割する。

4

手のひらで押して11×9cmにのばす。

5

生地の手前と向こう側を真ん中に向けて折りたたむ。

6

さらにたたんで、とじ目をつまんで形を整える。これを5個作る。

7

とじ目を下にして天板に並べる。ラップをかけて室温で約20分おく（二次発酵）。**190℃でオーブンの予熱を始める。**

8

発酵完了。

9

茶こしで米粉（分量外）を振る。

10

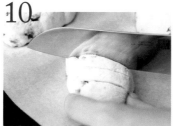

包丁で5か所に切り込みを入れる。オーブンで焼く。**190℃で23-25分。**

Calzone

はふはふ食べたいカルツォーネ

パリパリの生地にトマト味がぴったり。
野菜たっぷりにしたくて、ラタトゥイユを入れてみました。
焼きたてが食べ頃ですが、冷めてからでもおいしいです。

材料［5個分］

成形パン用の基本生地(p.26-28)

ラタトゥイユ … 150g

乳不使用チーズ(アレルギー対応品 p.34) … 適量

オリーブ油 … 適量

下準備

● 天板をひっくり返してオーブンシートを敷く。

作り方

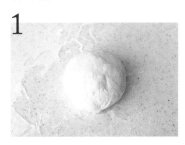

1 台に打ち粉(p.14 分量外)をする。p.26-28と同様に作った基本生地を5分割する。

2 約12cmの楕円形になるようめん棒でのばし、生地の半分にラタトゥイユとチーズをのせる。

3 残り半分の生地を折ってかぶせ、ふちにフォークを押しつけてとじ目をつける。これを5個作る。

4 ラップをかけて室温で約20分おく(二次発酵)。**250℃でオーブンの予熱を始める。**

5 発酵完了。

6 生地にハケで薄く油を塗る。オーブンで焼く。**250℃で12分。**

ラタトゥイユ

たっぷり作っておけばなにかと重宝！

材料［作りやすい分量］

玉ねぎ(1cm角に切る) … 1個(150g)

にんじん(いちょう切り) … 1/2本(70g)

なす(いちょう切り) … 1本(100g)

パプリカ(1cm角に切る) … 1個(120g)

しめじ(石づきを落としほぐす、長ければ半分に切る) … 1/2パック(70g)

ベーコン(1cm角に切る) … 4枚

にんにく(みじん切り) … 2かけ

トマト缶(ホール) … 1缶

塩 … 5g

カレー粉 … 少々

あればイタリアンハーブミックス … 小さじ1/2

塩、こしょう … 各適量

オリーブ油 … 大さじ2

作り方

1 フライパンにオリーブ油を弱火で熱し、にんにく、玉ねぎ、にんじんを炒める。

2 ややしんなりしてきたら、なす、パプリカ、しめじ、ベーコンを加えて炒める。

3 全体がしんなりしてきたら、トマト缶のトマトをくずしながら入れ、トマト缶に1/2缶分の水(分量外)を入れて、缶に残ったトマト汁をすすぐようにして入れる。

4 塩、カレー粉、ハーブを加え、ふたをせず弱火‐中火で20-30分煮込む。野菜がやわらかくなって、水分がなくなるまで煮詰める。

5 しっかり煮詰まったら味をみて、お好みで塩、こしょうでととのえる。

Pizza

ピ ザ し ょ っ ぱ い の と 甘 い の と

トマトチーズ × バジル

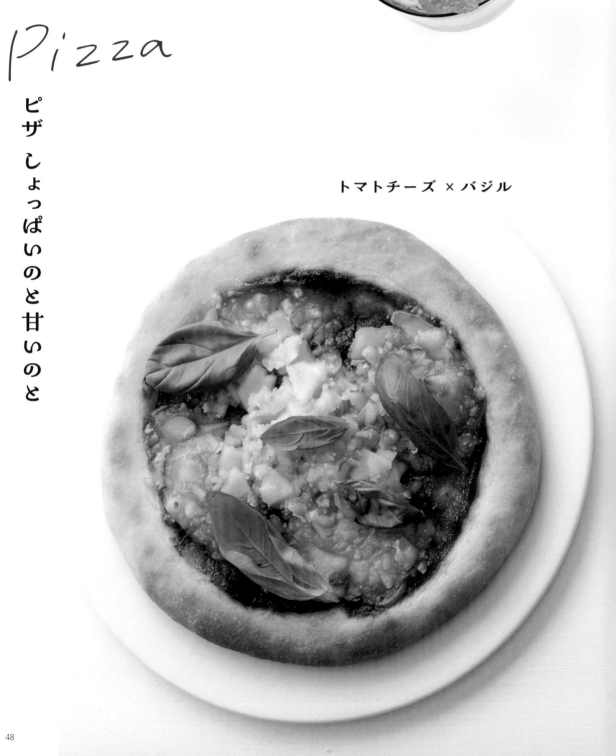

チョコレート × マシュマロ

外はカリカリ、中はふんわり。
パンタイプのピザ生地です。
この食感は米粉ならでは。
生地を多めに作って
冷凍しておけば、
おやつにピザがすぐ完成です！

ピザ トマトチーズ × バジル

材料［直径約20cm 1枚分］

ピザクラスト

成形パン用の基本生地(p.26-28) **… 1/2**

米油 … 適量

トッピング

即席ピザソース(ピザ生地1枚分)

| トマトケチャップ … 大さじ2
| にんにくパウダー … 1g
| イタリアンミックスなど
| お好みのハーブ … 適量
| ブラックペッパー … 適量

乳不使用チーズ(アレルギー対応品　p.34) … 適量

豆乳スライスチーズ(アレルギー対応品) … 適量

バジルの葉 … 5枚

乳不使用チーズの
ダブル使いで
おいしさアップ！

豆乳で作られた
スライスチーズ。

下準備

● オーブンシートを25×25cmの正方形に切って、ひっくり返した天板に敷く。

作り方

1 オーブンシートに打ち粉(p.14 分量外)をする。p.26-28の基本生地と同様に作る。2分割し、天板にのせる。

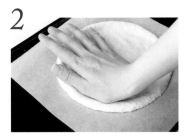

2 手のひらで押しながら、直径約20cmのきれいな円形になるよう広げていく。

3 平らなコップの底を使い、ふちを少し立ち上げるようにして整える。

4 ラップをかけて室温で約20分おく(二次発酵)。**250℃でオーブンの予熱を始める。**

5 発酵完了。

6 生地にハケで薄く油を塗る。オーブンで焼く。**250℃で10分。**

チョコレート × マシュマロ

材料 [直径約20cm 1枚分]

成形パン用の基本生地(p.26-28) … 1/2

米油 … 適量

チョコレート(アレルギー対応品 刻む)
… 30-40g

マシュマロ … 30-40g

マシュマロを
のせる前に
ピザを切り分けて
おいて！

アレルゲンフリー
の専用工場、専用
ラインで作られて
いるチョコレート。
そのまま食べても
おいしい。

下準備

● オーブンシートを25×25cmの正方形に
切って、ひっくり返した天板に敷く。

作り方

1 p.50-51の作り方 **8** までと同様に作る。

2 生地を6等分に切る。

3 チョコレートを全体に散らし、マシュマロをのせる。

4 オーブンで焼く。**250℃で5-6分。**

7

生地が焼き上がったところ。

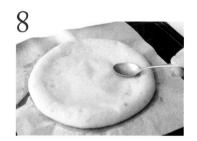

8

膨らんだ生地をスプーンの背で
押さえる。

9

即席ピザソースの材料をすべて
まぜ合わせ、**8** に塗る。ちぎった
豆乳スライスと乳不使用チーズ
を全体に散らす。オーブンで焼く。
250℃で6-7分。 焼き上がった
ら生バジルをのせる。

ピザ生地は焼いて冷凍しておいても

● 生地を冷凍保存するときは、あら熱がとれたらラップでしっかり包んで
冷凍庫へ。

● 解凍するときは、使用する30分前に冷凍庫から出して室温におく(自然解凍)。
即席ピザソースを塗って乳不使用チーズをのせて、250℃に予熱した
オーブンで6-7分焼く。チーズがトロッとしていなければ焼き時間を1-2分
追加する(乳不使用チーズは焼き色がつきにくい)。

Salty bread

お月さまの塩パン

ココナッツミルクのふんわり甘い香りの生地を
塩で引き締めました。
皮はパリッ、中はふんわり。
焼きたてをぜひ食べてください。

材料［8個分］

成形パン用のココナッツミルク生地（p.29）

塩 … 適量

米油 … 適量

下準備

● 天板をひっくり返してオーブンシートを敷く。

作り方

1

p.29と同様に作ったココナッツミルク生地を打ち粉（p.14 分量外）をした台にのせ、約20cmの円盤状に広げる。

2

放射状に8分割する。

3

1切れを指で軽く三角形に広げてから、めん棒で約19×11cmにのばす。

4

ハケで油を塗ってひとつまみの塩を振る。

5

底辺の中央に4cmの切り込みを入れる。

6

手前からくるくると巻く。

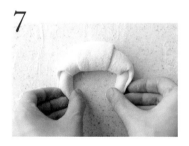

7

三日月形に整える。これを8個作る。

8

天板に並べる。ラップをかけて室温で約20分おく（二次発酵）。**220℃でオーブンの予熱を始める。**

9

発酵完了。

10

表面にハケで油を塗る。オーブンで焼く。**220℃で15-17分。**

Cranberry bread

甘ふわぎっしり クランベリーパン

甘酸っぱいクランベリーがぎっしり。
具材を多くするのが生地を
もっちりさせすぎないコツです。

材料［5個分］

成形パン用のココナッツミルク生地（p.29）

クランベリー（乾燥 半分に切る）… 70g

下準備

● 天板をひっくり返してオーブンシートを敷く。

作り方

1

p.29と同様に作ったココナッツミルク生地を打ち粉（p.14 分量外）をした台にのせて広げる。クランベリーを散らす。

2

半分に折り、手のひらでのばしてたたむ作業を繰り返して、具が均等になるようにする。

3

5分割して丸める。

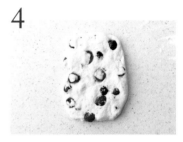

4

約11×9cmの長方形にのばす。

5

生地の上下をたたむ。

6

さらにたたんで、とじ目をつまむ。これを5個作る。

7

とじ目を下にして天板にのせる。ラップをかけ室温で約20分おく（二次発酵）。**220℃でオーブンの予熱を始める。**

8

発酵完了。

9

茶こしで米粉（分量外）を振る。

10

包丁で縦に切り込みを入れる。オーブンで焼く。**220℃で17分。**

Panini

フライパンで発酵なしパニーニ

発酵なしですぐに
フライパンで焼く
お手軽パン。
ハケで生地の側面に油を
塗っておくと隣の生地とくっつかないですよ。

ハム × チーズ

材料［5個分］

**成形パン用の基本生地
（p.26-28）**

ハム（1-2cm角に切る）… 50g
乳不使用チーズ
（アレルギー対応品 p.34）… 50g
トマトケチャップ … 適量
米油 … 適量

作り方

1

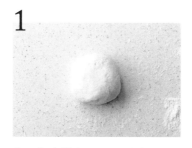

台に打ち粉（p.14 分量外）をする。
p.26-28と同様に作った基本生地を5分割する。

2

12×8-9cmの楕円形にのばす。
ハムとチーズをのせ、トマトケチャップをかける。

コーン× マヨネーズ

王道の味こそ
フライパンで
簡単に！

カレー味

カレーもパンも
アレルギー対応
だから安心

材料 [5個分]

成形パン用の基本生地(p.26-28)

コーン(缶詰 水けを拭く)… 75g
乳不使用チーズ(アレルギー対応品 p.34)… 50g
卵不使用マヨネーズ(アレルギー対応品)… 適量
米油… 適量

作り方

ハム×チーズの作り方**2**で、コーンと
チーズをのせ、マヨネーズをかける。
p.57の作り方**3-5**と同様に作る。

材料 [5個分]

成形パン用の基本生地(p.26-28)

カレー … 150g
米油 … 適量

作り方

ハム×チーズの作り方**2**で、カレーを
のせる。p.57の作り方**3-5**と同様に
作る。

カレー

材料 [作りやすい分量]

豚ひき肉 … 50g
玉ねぎ(みじん切り) … 100g
にんじん(みじん切り) … 50g
にんにく(みじん切り) … 2かけ
しょうが(みじん切り) … 1かけ
カレールウ(アレルギー対応品) … 20g
水 … 200ml
塩、こしょう … 各適量
米油 … 大さじ1

小麦粉不使用
のアレルギー対
応のカレーの素
(瓶詰)。

作り方

1 フライパンに油を熱し、にんにく、しょうが、玉ねぎ、に
んじんを炒める。

2 玉ねぎがしんなりしてきたら、ひき肉を加えて炒める。

3 肉の色が変わったら水を加えて煮立て、野菜がやわ
らかくなるまで約10分煮る。

4 カレールウを溶かして弱火にし、さらに煮詰める。

5 汁けがほとんどなくなったら、塩、こしょうで味をとと
のえる。

3 生地を折って具にかぶせ、
形を整える。

4 フライパンに油を薄くひき、
3を並べる。生地の表面(側
面も)にハケで薄く油を塗る。

5 ふたをして、表面が色づくまで弱
火で8-10分、上下を返して7-9
分焼く。

Part.2
おやつ

こちらでご紹介するのは、米自体が持つ
甘みやうまみなど、私が大好きなお米のおいしさを
大事にしてレシピにしたおやつです。
焼き菓子のサクサクの食感や、
しっとりした蒸しパンやふわふわのマフィンも、
まぜ方を気にすることなく、材料を順にまぜていくだけで作れます。
初心者でもお菓子作りが簡単と感じていただけるはず。
「米粉だから」とびきりおいしいおやつばかりです。

おいしく作るために
心にとめたいこと

POINT 1
まずは
レシピ通りに作る

粉類をつなぐためにはもちろん、風味や味の奥行きを出すために卵や乳製品を他の食材でおきかえています。最初はアレンジせず、材料も作り方もまずは書いてある通りに作ってください。

POINT 2
生地はまとまりにくい
と思っておいて

グルテンがない、つなぎの卵がないなどが理由で生地はちょっとまとまりにくいですが、各ページの作り方通りにすれば大丈夫。ホロホロ、サクサク、しっとりなど、さまざまな食感が楽しめます。

POINT 3
米粉はおやつ作り
初心者さんの味方

粉をふるわなくていい、かきまぜすぎて膨らまないという失敗がない、器具にベタベタ生地がついてもすぐに洗い流せるなど、面倒に思う点が少ないので挑戦しやすいです。ぜひやってみてください。

Scone

さくほろスコーン

プレーン

粉類を順にまぜて、豆乳ホイップと
メープルシロップを加えてひとまとめにして焼くだけ。
なのにとびきりのおいしさなんです。
小麦粉で作るより簡単だと驚かれる
自慢のレシピです。

Arrange
抹茶

Arrange
酒粕

Arrange
ココア

スコーン プレーン

材料 [6個分]

米粉 … 140g
きび砂糖 … 14g
塩 … 1g
ベーキングパウダー … 4g
豆乳ホイップ … 100g
メープルシロップ … 28g

乳製品不使用の豆乳ホイップ。バターの代用として使う。

手を使ってぎゅっとまとめてみて！

下準備

● オーブンを200℃に予熱する。
● 天板にオーブンシートを敷く。

作り方

1

ボウルに米粉、きび砂糖、塩、ベーキングパウダーを入れて泡立て器でまぜる。

2

別のボウルに豆乳ホイップ、メープルシロップを入れてゴムべらでまぜ合わせる。

3

1に2を入れる。

4

ゴムべらをボウルに押しつけて、粉っぽさがなくなるまでまぜる。

5

まとまりにくければ、手も使ってまとめるとよい。

6

全体に水分が行き渡ってきたら、ひとまとめにする。

7

生地がベタつくようであれば、台に打ち粉(p.14 分量外)をして、直径9cm×厚さ3cmの円盤にする。

8

包丁で6等分にする。

9

天板に並べ、**200℃のオーブンで15分焼く。**

ココア

ココア風味が
口いっぱいに
広がる！

材料［6個分］

米粉 … 120g
ココアパウダー（ふるう）… 12g
きび砂糖 … 18g
塩 … 1g
ベーキングパウダー … 4g
豆乳ホイップ … 100g
メープルシロップ … 28g

下準備

● オーブンを200℃に予熱する。
● 天板にオーブンシートを敷く。

作り方

1　ボウルに米粉、ココアパウダー、きび砂糖、塩、ベーキングパウダーを入れて泡立て器でまぜる。

2　p.62の作り方 **2-9** と同様に作る。焼き時間も同じ。

抹茶

抹茶のほろ苦さと
米粉の甘み。
これぞ日本の味！

材料［6個分］

米粉 … 130g
抹茶（ふるう）… 6g
きび砂糖 … 18g
塩 … 1g
ベーキングパウダー … 4g
豆乳ホイップ … 100g
メープルシロップ … 28g

下準備

● オーブンを200℃に予熱する。
● 天板にオーブンシートを敷く。

作り方

1　ボウルに米粉、抹茶、きび砂糖、塩、ベーキングパウダーを入れて泡立て器でまぜる。

2　p.62の作り方 **2-9** と同様に作る。焼き時間も同じ。

酒粕

材料［6個分］

米粉 … 140g
酒粕（板）… 50g
塩 … 3g
ベーキングパウダー … 4g
豆乳ホイップ … 100g
メープルシロップ … 28g

作り方

1　ボウルに米粉と酒粕を入れて手ですりまぜ合わせる。

2　塩とベーキングパウダーを加えて、泡立て器でまぜる。

3　p.62の作り方 **2-9** と同様に作る。焼き時間も同じ。

ほんのり
酒粕風味に
ほっこり

Muffin

ふかふかマフィン

ココア × チョコレート

玉ねぎ × ベーコン

ラムレーズン

ふかふかの秘密は大豆粉。
作り始めたら途中で休まずに
速攻でオーブンに入れて！
時間をおきすぎると膨らみが弱くなるので
手早く作業してくださいね。

マフィン ラムレーズン

めざしたのは、きのこみたいに笠ができるマフィン

材料 [6個分]

大豆のくさみがなくて◎。

米粉 … 145g
大豆粉 … 35g
ベーキングパウダー … 7g
きび砂糖 … 75g

無調整豆乳 … 163g
米油 … 52g
ラムレーズン※ … 60g
アーモンドスライス … 15g

※ ラムレーズンは、容器にレーズン45gとラム酒15gを入れ、1〜2日漬けておく。

下準備

● オーブンを170℃に予熱する。
● マフィン型にグラシンカップ（シリコン加工）を敷く。

作り方

1

ボウルに米粉、大豆粉、ベーキングパウダー、きび砂糖を入れて、泡立て器でまぜる。

2

別のボウルに無調整豆乳、米油を入れて泡立て器でしっかり合わさるまでよくまぜる。

3

1に2を入れる。

4

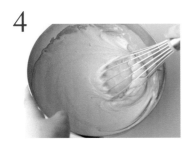

粉っぽさがなくなるまでぐるぐるとしっかりまぜる。

5

ラムレーズンを加えてまぜる。

6

ゴムべらに持ち替えて、均等になるまでまぜる。

7

マフィン型のフチまで生地を入れる。

※自立型のカップタイプの型を使う場合は8割まで入れる（笠はできない）。

8

アーモンドスライスをのせる。

9

オーブンに入れる。**170℃で20分焼く。**

ココア × チョコレート

{ しっとりの中に
とろりんチョコ！ }

材料［6個分］

米粉 … 135g

ココアパウダー（ふるう） … 8g

大豆粉 … 35g

ベーキングパウダー … 7g

きび砂糖 … 75g

無調整豆乳 … 165g

米油 … 52g

チョコレート（アレルギー対応品 1cm角に切る p.51）
　　　　… 60g

下準備

- マフィン型にグラシンカップ（シリコン加工）を敷く。
- オーブンを170℃に予熱する。

作り方

1　ボウルに粉類（米粉からきび砂糖まで）を入れて泡立て器でまぜる。

2　1 によくまぜ合わせた無調整豆乳、米油を入れ、粉っぽさがなくなるまでまぜる。ゴムべらに持ち替えさらにチョコレート40gを加えて均等になるまでまぜる。

3　マフィン型に生地を入れ、残りのチョコレートをのせて、**170℃のオーブンで20分焼く。**

{ お食事系
マフィンです。
ブランチに、
お弁当に }

玉ねぎ × ベーコン

材料［6個分］

米粉 … 140g

大豆粉 … 35g

ベーキングパウダー … 7g

塩 … 2g

ガーリックパウダー … 小さじ1/2

無調整豆乳 … 165g

米油 … 50g

メープルシロップ … 20g

玉ねぎ（粗みじん切り） … 70g

ベーコン（1cm角に切る） … 2枚

塩、こしょう … 各少々

油 … 適量

下準備

- マフィン型にグラシンカップ（シリコン加工）を敷く。
- オーブンを180℃に予熱する。

作り方

1　フライパンに油を熱し、玉ねぎを入れて塩、こしょうを振ってしんなりするまで炒め、冷ます。

2　ボウルに粉類（米粉からガーリックパウダーまで）を入れて泡立て器でまぜる。

3　2 によくまぜ合わせた無調整豆乳、米油、メープルシロップを入れ、粉っぽさがなくなるまでまぜる。さらに1とベーコンを加えて均等になるまでまぜる。

4　マフィン型に生地を入れ、**180℃のオーブンで20-25分焼く。**

Snowball

サクッホロッ スノーボール

油分をぎりぎりの量にしたので
生地をまとめるのが難しいと感じるかもしれませんが、
口に入れたときのサクッ、
そしてホロッとくずれる食感は
この量でなければ。
指でぎゅっとかためてくださいね。

紅茶

材料［20個分（1個8g）］

米粉 … 50g

アーモンドプードル（ふるう）… 50g

紅茶ティーバッグ … 1袋

きび砂糖 … 33g

米油 … 35g

粉糖 … 適量

下準備

- 紅茶ティーバッグから
茶葉をとり出す。

- オーブンを160℃に予熱する。
- 天板にオーブンシートを敷く。

作り方

1

ボウルに米粉、アーモンドプードル、紅茶、きび砂糖を入れて泡立て器でまぜる。

2

米油を加えて、均一にポロポロになるまでゴムべらでまぜる。

3

20等分にする。電子スケールにラップを敷き、8gずつはかるとラク。

4

ラップを絞って丸めて天板に並べる。まとまりにくいのでできるだけ固く丸めるのがコツ。**160℃のオーブンで15分焼く。**

5

容器に粉糖を入れ、焼き上がって冷めたスノーボールを2-3回に分けて入れてコロコロと動かし、均等にまぶす。

Arrange

ほうじ茶

材料［20個分（1個8g）］

- 上の材料の紅茶をほうじ茶パウダー
5gにする。それ以外は同じ

下準備

- 紅茶ティーバッグの用意以外、
上と同じ

作り方

上の作り方 **1-5** と同様に作る。焼き時間も同じ。

ほうじ茶の
ほろ苦さを
味わって

お花が咲いたような
蒸しパンにしたくて
試行錯誤したレシピです。
フライパン蒸しで作れるので、
思いたったらすぐできますよ。

お花が咲いたよ ふわふわ蒸しパン

Steamed bread

材料［プリンカップ（120ml）4個分］

米粉 … 100g

水（常温）… 90g

きび砂糖 … 40g

塩 … 少々

米油 … 5g

ベーキングパウダー … 4g

下準備

● プリンカップにグラシンカップ（シリコン加工）を敷く。

● フライパンの底から2cmくらいまで水を入れて火にかける。

作り方

1

ボウルに水、きび砂糖、塩、米油を入れ、砂糖が溶けるまで泡立て器でまぜる。

2
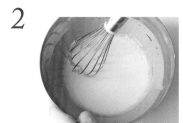

米粉を加えて、しっかりまぜる。

3

フライパンのお湯から蒸気が上がっていることを確認したら、ベーキングパウダーを2に入れて、手早くまぜる。

4

カップの9割を目安に生地を流し入れる。

5

フライパンの火を一度止め、手早く並べ入れる。

6

ふたに布巾を巻いておけば水滴が落ちる心配がない。

ふたについた水滴を拭いてからふたをして強火で蒸す。**蒸し時間は強火で12分。**24cm以下のフライパンを使う場合は、からだきに注意。湯がなくなりそうなら熱湯を加える。

granola

つまみ食いが止まらないグラノーラ

ざくざく、ガリガリ、
米粉のおかげで食感が楽しくて、
ついつい手がのびてしまうグラノーラ。
ドライフルーツはクランベリー、
いちじく、レーズンなどお好みでどうぞ。

ドライフルーツMIX

材料[作りやすい分量]

オートミール … 120g

米粉 … 30g

くるみ(ローストでも生でも。細かく刻む)
　　　… 20g

アーモンド(ローストでも生でも。
　　　細かく刻む)… 20g

塩 … ひとつまみ

メープルシロップ … 50g

ココナッツオイル(無香)… 40g

レーズン、クランベリー、いちじくなど
　　　お好みのドライフルーツ … 60g

下準備

● オーブンを150℃に予熱する。

● 天板にオーブンシートを敷く。

● ココナッツオイルがかたまっていたら湯せんにかけるなどして液体状にする。

作り方

1

ボウルにオートミール、米粉、くるみ、アーモンド、塩を入れてまぜ合わせる。

2

メープルシロップ、ココナッツオイルを別のボウルに入れ、しっかり合わさるまでまぜる。

3

1に2を入れてまぜる。

4

天板に平らに広げる。**150℃のオーブンで15分焼く。**

5

ざっくり割りながら上下を返し、重ならないように広げてさらに**15分焼く。**

6

冷めたら、お好みのドライフルーツを加えて均等にまぜる。

Florentine

イタリア発祥でフランスに渡り、
フランス語で「フィレンツェ」を意味する
お菓子が日本の米粉と出合いました。
一見難しそうですが、
順を追っていくだけでできちゃいます。

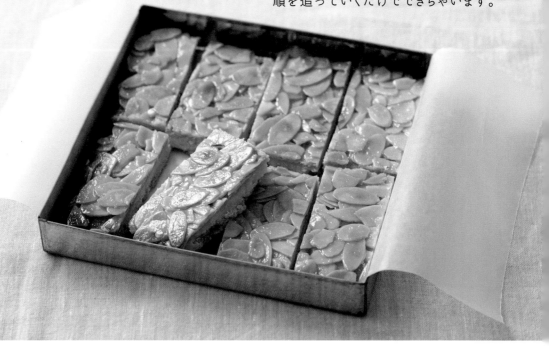

花の女神のお菓子 フロランタン

材料 (17×13cm1枚分)

米粉 … 70g
アーモンドプードル(ふるう) … 30g
米油 … 28g
きび砂糖 … 20g
メープルシロップ … 10g
塩 … ひとつまみ
無調整豆乳 … 20g

キャラメルヌガー

ココナッツミルク … 60g
メープルシロップ … 20g
きび砂糖 … 20g
塩 … ひとつまみ
米油 … 6g
アーモンドスライス … 36g

下準備

● オーブンを180℃に予熱する。

作り方

1 ボウルに米粉、アーモンドプードルを入れてまぜ合わせる。油を加えゴムべらで全体になじませる。

2 別のボウルにきび砂糖、塩、メープルシロップ、無調整豆乳を入れ、泡立て器でまぜる。

3 1 に 2 を入れ、ゴムべらでまぜてひとまとめにする。

4 2つ折りにして縦17cm、横13cmに折ったオーブンシートの上にのせる。

5 折ったオーブンシートをガイドにして、めん棒で生地をのばす。

6 オーブンシートを開いて天板にのせ、余分なシートははさみで切り落とす。**180℃のオーブンで15分焼く。**

7 冷めたら、底の部分を残してオーブンシートを切る。

8 アルミホイルを箱のようにして囲う。

9 ヌガーを作る。小鍋に、アーモンドスライス以外の材料を入れて火にかけ、筋がすーっと通るまでまぜながら煮詰めたら、アーモンドスライスを加えてからめる。

10 8の上に9を平らに広げる。**180℃のオーブンで15分焼く。**

11 やけどに気をつけてアルミホイルをはずす。さわれるぐらいに冷めたら、好みの大きさに切り分ける。

プレーン

カラフル
（かぼちゃ）

酒粕

カラフル
（抹茶）

ココア

カラフル
（むさらきいも）

お花畑クッキー

Flower
cookie

カラフルにするとより楽しいクッキー。
粉の分量が種類によって違うのは
生地が扱いやすいよう計算しているから。
型から生地をはずすときは、
くずれやすいのでやさしく扱ってくださいね。

お花畑クッキー プレーン

材料 [クッキー型(花)12-13個]

米粉 … 50g

アーモンドプードル(ふるう) … 15g

ココナッツオイル(無香) … 27g

きび砂糖 … 14g

メープルシロップ … 6g

無調整豆乳 … 6g

ナッツの香りを
まとった色白美人に
ノックアウト

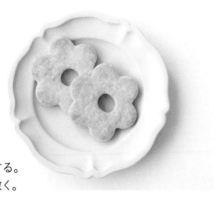

下準備

- オーブンを160℃に予熱する。
- 天板にオーブンシートを敷く。

作り方

1 ボウルに米粉、アーモンドプードルを入れて泡立て器でまぜ合わせ、ココナッツオイルを加えてゴムべらでまぜる。

2 別のボウルにきび砂糖、メープルシロップ、無調整豆乳を入れてまぜ、**1**に加えて、ゴムべらでよくまぜる。

3 **2**を厚手のポリ袋に移して、粉類と液体をなじませながらひとまとめにする。

4 左右にルーラーを置き、ポリ袋の角を使いながらめん棒で5mmの厚さにのばす。ルーラーがない場合は割り箸などを使うとよい。

5 ポリ袋を切り開き、クッキー型で生地を抜く。

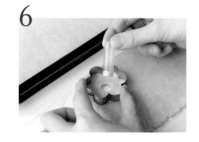

6 タピオカドリンク用ストローで、中心をくりぬく。抜いた小さな丸形はカラフルクッキーの花芯にする。

7 ポリ袋ごと持ち上げて、花形にした生地をとり出す。これを繰り返す。

8 型抜きする場所がなくなったら生地をまとめ、**4-7**を繰り返す。

9 天板に並べ、**160℃のオーブンで10-12分焼く。**

Arrange

野菜パウダーの
自然な色合いが
かわいい！

カラフル

材料
[クッキー型（花）12-13個分]

米粉 … 47g
アーモンドプードル（ふるう）… 15g
野菜パウダー（かぼちゃ、むらさきいも）、
　　抹茶（すべてふるう）… 3g
ココナッツオイル（無香）… 27g
きび砂糖 … 15g
メープルシロップ … 6g
無調整豆乳 … 6g

下準備

● 天板にオーブンシートを敷く。
● オーブンを160℃に予熱する。

ココア

材料
[クッキー型（花）12-13個分]

米粉 … 45g
アーモンドプードル（ふるう）… 15g
ココアパウダー（ふるう）… 5g
ココナッツオイル（無香）… 27g
きび砂糖 … 16g
メープルシロップ … 6g
無調整豆乳 … 6g

カカオの
豊かな風味が
楽しめる

作り方

プレーンクッキーの作り方1-9と同様に作る。野菜パウダー、抹茶、ココアパウダーはそれぞれ作り方1に入れる。
芯は違う種類に入れる。

酒粕

焼き色を
つけすぎないよう
余熱で火を通して

材料 **[クッキー型（花）25-26個分]**

米粉 … 70g
アーモンドプードル（ふるう）… 50g
ココナッツオイル（無香）… 25g
酒粕（板）… 16g
熱湯 … 16g
きび砂糖 … 30g
塩 … 1g
塩（トッピング用）… 適量

下準備

● 天板にオーブンシートを敷く。
● オーブンを160℃に予熱する。

作り方

1　酒粕ペーストを作る。ボウルに酒粕と熱湯を入れ、スプーンやゴムべらでまぜてペースト状にし、きび砂糖、塩を加えてよくまぜる。

2　別のボウルで米粉とアーモンドプードルを泡立て器でまぜる。ココナッツオイルを加え、ポロポロになったら**1**を加えてよくまぜる。

3　プレーンクッキーの作り方**3-9**と同様に作る（**4**でのばすときは4mmに。**6**で中心はくりぬかない。トッピング用の塩は作り方**9**で焼く前に振る。**オーブンの焼き時間は10分。**

4　焼き上がったら、オーブンの扉を3秒だけ開けて熱気を逃がす。そのまま庫内に置いて余熱で完全に火を通す。

Fruit tart

果物の焼き込みタルト

キウイ

タルト2種。フルーツもいっしょに焼くか、
あとからトッピングするかの違いです。
甘ずっぱいフルーツを選びました。
缶詰の洋梨のスライスもおすすめ。

焼きタルト
いちご

果物の焼き込みタルト キウイ

材料 [タルト型 (直径16cm、底が抜けるタイプ) 1台分]

タルト

米粉 … 100g

アーモンドプードル (ふるう) … 40g

きび砂糖 … 14g

塩 … ひとつまみ

メープルシロップ … 14g

無調整豆乳 … 20g

米油 … 38g

アーモンドクリーム

アーモンドプードル (ふるう) … 25g

米粉 … 20g

きび砂糖 … 20g

ベーキングパウダー … 小さじ1/2

無調整豆乳 … 20g

米油 … 20g

ラム酒 … 小さじ1/2

バニラエクストラクト … 小さじ1/4

トッピング

きび砂糖 … 5g

キウイ (5〜8mm幅の輪切り) … 6枚

きび砂糖 (キウイ用) … 大さじ1/2

大きめのキウイを
選んで
華やかに!

下準備

- ボウルに入れたキウイにきび砂糖 (大さじ1/2) をあえて15分おく。
- オーブンを180℃に予熱する。
- タルト型に油 (分量外) を塗る。

作り方

1

ボウルに米粉とアーモンドプードルを入れて、泡立て器でまぜ合わせる。

2

別のボウルにきび砂糖、塩、メープルシロップ、無調整豆乳、米油を入れて、泡立て器でしっかりまぜる。

3

1に2を入れ、粉っぽさがなくなるまでゴムべらでまぜ合わせる。

4

10でトッピングに使う。

3から20gを別のボウルにとり、きび砂糖5gを加えて手ですりまぜ、ポロポロにする。

5

3の残りの生地をタルト型に敷きつめ、底が平らなコップを使って、底と側面を均等にならす。

Arrange
焼きタルト
いちご

フレッシュな
フルーツを
楽しみたいときに

材料

[タルト型（直径16cm、
底が抜けるタイプ）1台分]

タルト（作り方 p.82-83）… **1台**

豆乳カスタード

きび砂糖 … 22g

米粉 … 10g

粉寒天 … 0.7g

塩 … 少々

無調整豆乳 … 150g

米油 … 10g

ラム酒 … 小さじ1/2

バニラエクストラクト … 小さじ1/2

トッピング

いちご … 1-2パック

豆乳カスタードの作り方

1 小鍋にきび砂糖、米粉、粉寒天、塩を入れ、よくまぜる。

2 豆乳を少しずつ加えながらゴムべらでまぜ合わせる。

3 米油、ラム酒、バニラエクストラクトを加えてまぜながら中火にかける。

4 ふちが沸騰してきたら、さらに2分まぜ続ける。

5 容器に移し、カスタード表面にラップを密着させ保冷剤をのせて冷ます。容器の底にも保冷剤を。

作り方といちごの飾りつけ

1

p.82-83の作り方1-8と同様に作り、180℃に予熱したオーブンで30分＋ホイルをかぶせて10分焼く。型のまま冷ます。

2
型からはずし、タルトのふちから1cmほど残して、豆乳カスタードを均等にのせる。

3

タルトのふちに、ヘタを残して半分に切ったいちごを写真のように少しずつずらして重ねながら並べる。

4
残りのいちごのヘタをとり、半分に切った側を下にしてのせ、カスタードをいちごで埋める。

5

カスタードが見えなくなるように、いちごを重ねて並べる。

6

アーモンドクリームを作る。ボウルにアーモンドプードル、米粉、きび砂糖、ベーキングパウダーを入れてゴムべらでまぜる。

7

無調整豆乳、米油、ラム酒、バニラエクストラクトを **6** に加えて、なめらかになるまでまぜる。

8

5に**7**を入れ、表面をならす。

9

ペーパータオルでキウイの水けを拭いて、アーモンドクリームの上に並べる。

10

キウイとキウイのすきまを埋めるように **4** をのせる。

11
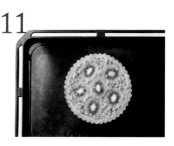
180℃のオーブンで30分焼き、ホイルをかぶせてさらに10-15分焼く。あら熱がとれるまで型のまま冷ます。

Part.3
料理

実は米粉は奈良時代からあり
日本の各地でひっそりと活躍していました。
それが食物アレルギーで悩む人の救世主として
急にスポットライトがあたるようになっただけでなく、
日本の米の自給率を上げる役割まで期待されてしまっています。
米粉たちは戸惑っているかもしれませんが（笑）、
それだけのスター性があると思います。
米粉のおいしさ、使いやすさは実証済みです。
ぜひどんどん使って、料理することを楽しんでください。

米粉料理は、
ここがいい！

POINT
1

「粉もん」が
簡単にできる！

うどんやギョーザの皮、チヂミといった「粉もん」が小麦粉で作るよりも簡単に感じるのは、生地を寝かさなくていいので時短になり、作業がしやすい、洗いものがラクなどの特徴があるから。気軽にチャレンジできます。

POINT
2

ちょっと食べたい、が
すぐかなう

米粉の作業性のよさに慣れると、「食べたい！」と思ったそのときが「作りどき」だと感じられるようになります。料理はやはりできたてがいちばん。料理に対する苦手意識も軽減されるように感じています。

POINT
3

カリッと揚がって
ヘルシー

揚げ物の衣に米粉を使うと最高です。油を吸収しにくいためカロリーダウンにつながり、罪悪感を感じることなくおいしく食べられます。冷めても衣がべちゃっとしにくく、サクサクの食感が楽しめます。

Udon

もちもちつるっとうどん

思いたったらすぐ、1人分から気軽に作れる米粉うどん。
米粉ペーストと水の割合を変えることでコシを強くする、
もっとやわらかくするなど、好みの食感が作れます。
そこも市販品にはないすぐれた点です。

材料 [1人分]

米粉 … 100g
米粉ペースト（p.12-13）… 40g
サイリウム（オオバコ）… 2g
塩（好みで）… 少々
水 … 36g

トッピング

天かす（p.89）… 適量
乾燥わかめ（水で戻す）… 適量
ねぎ（小口切り）… 適量
めんつゆ（アレルギー対応品）… 適量

小麦などアレルギー食品不使用のめんつゆ。

作り方

1

ボウルに水以外のすべての材料を入れる。

2

ゴムべらで全体が均等になるようにまぜる。

水を入れる前なので、このくらいのまざり具合。

3

まざったら手を使ってひとまとめにする。

水を加える。サイリウムが水分を吸って重くなるのでゴムべらのへらの部分を持ってしっかりまぜる。

4

打ち粉（p.14 分量外）をした台にのせ、生地にも打ち粉をして3-4mm厚さにめん棒でのばす。

5

包丁で3-4mm幅に切る。生地が切れやすいので注意。

6

フライパンに湯を沸かし、**5**を入れて2分ゆでる。ゆで上がったらザルに上げ、冷たい水で洗う。

7

器にうどんを盛り、天かす、わかめ、ねぎをのせ、めんつゆをかける。

Chicken tempura

5色のとり天と天かす

青のり衣

めんつゆ衣

白い衣

紅しょうが衣

カレー衣

米粉の衣で揚げたとり天は時間がたってもサクサク。
青のりやしょうが、カレー粉など、
いろんな衣で味を変化させるとますます楽しいです。
私は青のりがお気に入りです。

材料 [作りやすい分量／各衣は鶏肉100gに対しての分量]

鶏もも肉 … 500g
米粉 … 25g
塩 … 5g
ガーリックパウダー … 5g
揚げ油 … 適量

めんつゆ衣
米粉 … 30g
水 … 25g
めんつゆ（アレルギー
　　　対応品 p.87）… 5g
塩 … 少々

紅しょうが衣
米粉 … 30g
水 … 30g
紅しょうが（みじん切り）… 20g
塩 … 少々

白い衣
米粉 … 30g
水 … 30g
塩 … ひとつまみ

青のり衣
米粉 … 30g
水 … 30g
青のり … 小さじ1
塩 … 少々

カレー衣
米粉 … 30g
水 … 30g
カレー粉 … 小さじ1/4
塩 … 少々

作り方

1

鶏肉は余分な脂を取り除いて一口大に切り、ポリ袋に入れて塩、ガーリックパウダーを入れる。

2

ポリ袋ごとしっかりもみ込む。

3

米粉を加え、全体にまぶす。

4

衣の準備をする。ボウルに各衣の材料を入れ、泡立て器でまぜる。

5

揚げ油を170-180℃に熱し、**3**を**4**につけて揚げる。

Arrange
うまみ天かす

材料 [作りやすい分量]
米粉 …50g
水 …50g
塩 …1-2g

作り方
ボウルに天かすの材料を入れてまぜ、生地を作る。とり天を揚げたあとの油に、ハケで生地をたらし、170℃で2分揚げ、揚げ網ですくいとって油をきる。

とり天のあとに揚げて
肉のうまみを
とり込んで！

Gyoza & chijimi

米粉の皮から手作りするギョーザと豆腐たっぷりチヂミ

米粉で手作りしたギョーザの皮、
チヂミの生地のどちらも、
焼くとヘリがカリカリなのに
もっちりした食感。
これこそ米粉ならでは。
たまりません。

皮から作る焼きギョーザ

ギョーザの皮

材料［12枚分（直径9cm、14-15g/枚）］

米粉 … 100g
米粉ペースト（p.12-13） … 40g
サイリウム（オオバコ） … 2g
水 … 38g
塩（好みで） … 少々

作り方

1 ボウルに米粉、米粉ペースト、サイリウム、塩を入れ、ゴムべらでまぜる。

2 1に水を加え、ゴムべらを短く持ってしっかりまぜる。ひとまとめにする。

3 打ち粉（p.14 分量外）をした台にのせ、12等分して丸める（15g/個）。

4 めん棒でのばす。乾燥しやすいので、1枚のばしてすぐにあん（具）を包むとよい。

米粉のチヂミ

材料［直径18cm2枚分］

充填豆腐 … 200g
米粉 … 40g
片栗粉 … 20g
白いりごま … 大さじ1
塩 … 1g
にら（3-4cm長さに切る） … 1/2束
玉ねぎ（粗みじん切り） … 60g
桜えび … 10g
ごま油 … 大さじ2

タレ

しょうゆ … 大さじ1
米酢、ごま油 … 各大さじ1/2
メープルシロップ … 小さじ1/2
玉ねぎ（みじん切り） … 10g
白いりごま … 適量

作り方

1 タレの材料を混ぜ合わせておく。

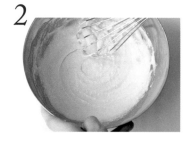

2 ボウルに豆腐を入れ、泡立て器でペースト状になるまですりつぶす。

ギョーザのあん（具）と包み方・焼き方

材料［12個分］

豚ひき肉 … 100g
塩 … 2g
こしょう … 少々
おろししょうが … 5g
おろしにんにく … 5g
しょうゆ … 小さじ1
ごま油 … 小さじ2
キャベツ（粗みじん切り）… 80g
にら（粗みじん切り）… 20g

作り方

1 ボウルに肉、塩、こしょう、しょうが、にんにく、しょうゆ、ごま油を入れてよく練りまぜる。

2 粘りが出たらキャベツとにらを加えてしっかりまぜる。

3 17-18gずつスプーンですくい、ギョーザの皮で包んで形を整える。

4 フライパンに油大さじ1（分量外）を熱し、ギョーザを並べる。軽く焼き色がついたら熱湯150mlを入れ、ふたをして5分蒸し焼く。ふたを取り、ごま油大さじ1（分量外）を回し入れ、皮がパリッとするまで弱火で焼く。

3 2に米粉、片栗粉、白ごま、塩を入れてまぜる。粉っぽさが消えてなめらかになるまでまぜる。

4 野菜と桜えびを加えてまぜる。

5 ごま油大さじ1をひいて熱したフライパンに、4の半量を広げ、ふたをして中火で3-4分焼く。上下を返し、再びふたをして3分、ふたをはずして弱めの中火で両面を1分ずつカリッと焼く。もう1枚も同様に。

Deep-fried tofu

揚げ出し豆腐

お豆腐に米粉をまぶして
少ない油で揚げただけなのに、料理屋さんの味になります。
手軽にたんぱく質がとれるのもうれしいところです。

材料 [2人分]

もめん豆腐 … 1丁 (350g)
米粉 … 適量
揚げ油 … 適量

トッピング
大根おろし … 適量
おろししょうが … 適量
小ねぎ (小口切り) … 適量
めんつゆ (アレルギー対応品 p.87)
　　 … 適量

作り方

1

もめん豆腐は8等分に切る。

2

キッチンペーパーに包んで20-30
分ほど水きりをする。

3

米粉を豆腐全体にまぶす。

4

揚げ油を160-170℃に熱し、豆
腐の表面がカリッとするまで揚
げる。

盛りつけ
器に盛り、大根おろし、おろししょ
うがをのせ、小ねぎを散らしてめ
んつゆをかける。

ちょっとここが
わからない！に
おこたえします

米粉のパン、おやつ、料理作り

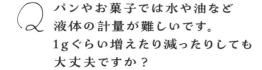
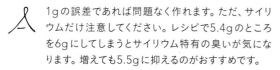
Q & A

計量や準備について

Q パンやお菓子では水や油など液体の計量が難しいです。1gぐらい増えたり減ったりしても大丈夫ですか？

A 1gの誤差であれば問題なく作れます。ただ、サイリウムだけ注意してください。レシピで5.4gのところを6gにしてしまうとサイリウム特有の臭いが気になります。増えても5.5gに抑えるのがおすすめです。

Q 温度計を持っていません。米粉ペーストとぬるま湯を合わせたときの温度をはかるおすすめの方法はありますか？

A 指を入れてぬるく感じるくらいの温度がちょうどです。熱いと感じたら40℃を超えていますので、少し冷まして使ってください。

Q 家にある米粉を使いきりたいのですが、米の粉とまぜて使ってもいいですか？

A 米粉ごとの水分の吸水率が異なるのでまぜるのはおすすめしません。水に溶かして使うもの、例えばパンやお菓子は調整が必要になるので、まずは本書のレシピ通りに作ってみてください。ただ、うどんやギョーザ、チヂミ、揚げ出し豆腐は米の粉以外で作っても少し食感は異なるけれど大丈夫かなという印象です。

米粉パンについて

Q 焼くと表面が割れてしまいます。原因はなんでしょうか。

A 乾燥が考えられます。アルミホイルをかぶせるときは、ホーロー容器であれば、ふちの部分にしっかりアルミホイルを巻き込んで空気の侵入を防いでください。パウンド型は巻き込みが難しいので、ひび割れることが私もよくあります。でも、ひび割れてもおいしいですよ。

Q 成形パンの生地がやわらかくて手にベタベタくっついて成形が難しいです。コツはありますか？

A サイリウムを増やせばベタつきはおさまるのですが、前述のようにサイリウムの臭いが鼻につくようになります。打ち粉をしっかり振って成形するようにしてください。打ち粉なら多めになっても大丈夫です。

Q ホーロー容器の米粉パンの材料は小さい容器の2倍量にすると大きい容器で作れるようですが、3倍、4倍と増やしてもいいですか？

A ホーロー容器も小から大に変えたり数を増やしたりしてください。また、ボウルのサイズも大きいものが必要になります。成形パンの場合はこねる分量も増えてしまいます。……というように工夫をすることになりますが、何度か基本の分量で作ってからチャレンジしてみてもいいかもしれません。ハンドミキサーでまぜる過程では、生地がとび散りやすいので注意。

おやつについて

Q ベーキングパウダーを使うマフィンや蒸しパンがうまく膨らみません。

A ベーキングパウダーを開封してから時間がたっていると膨らまないことがあります。その場合は新品でチャレンジしてみてください。また、本書で使用しているラムフォードのベーキングパウダー（p.7）は、私の経験上、水分に触れたときから時間がたってしまうと膨らみが悪くなります。生地をまぜたら手早く加熱してください。

鈴鹿 梅子

管理栄養士／お米と米粉の料理研究家

長年体調不良に悩まされていたのが、小麦の摂取を最低限にしたグルテンフリーな食生活のおかげですっかり改善した経験から米粉の料理研究家となる。2018年にWEBサイト「米粉のレシピ帖」をオープン、YouTube、Instagramも開設し、SNS総フォロワー数14万人に（2023年6月）。米粉だからおいしいレシピにこだわって開発、発信を続けている。著書に『スイーツも料理も。グルテンフリーでおいしいを叶える 米粉のレシピ帖』(KADOKAWA)があり、米粉パンのレシピは本書が初公開となる。

米粉のレシピ帖　https://komekorecipe.com/
YouTube　https://www.youtube.com/@umekomeko
Instagram　https://www.instagram.com/umekomeko/

STAFF

装丁・デザイン ――――― ナラエイコデザイン
撮影 ――――――― 佐山裕子（主婦の友社）
スタイリング ――――― ダンノマリコ
調理補助 ――――― 津奈木けさ代
取材・文 ――――― 綛谷久美
DTP制作 ――――― 伊大知桂子（主婦の友社）
編集担当 ――――― 宮川知子（主婦の友社）

米粉提供
共立食品株式会社　https://www.kyoritsu-foods.co.jp/

参考論文
糊化　https://chomiryo.takarashuzo.co.jp/knowledge/detail/106/
炊飯とでんぷんの老化　https://www.jstage.jst.go.jp/article/cookeryscience1968/3/4/3_225/_pdf

小麦粉、卵、乳製品なし！
まいにち食べたい米粉のパン・おやつ・料理

2023年9月30日　第1刷発行
2024年1月20日　第2刷発行

著　者　鈴鹿梅子
発行者　平野健一
発行所　株式会社主婦の友社
　　　　〒141-0021
　　　　東京都品川区上大崎3-1-1 目黒セントラルスクエア
　　　　電話　03-5280-7537（内容・不良品等のお問い合わせ）
　　　　　　　049-259-1236（販売）
印刷所　大日本印刷株式会社

©Umeko Suzuka 2023
Printed in Japan　ISBN978-4-07-455410-2

■ 本のご注文は、お近くの書店または主婦の友社コールセンター（電話0120-916-892）まで。
　＊お問い合わせ受付時間　月〜金（祝日を除く）10:00〜16:00
　＊個人のお客さまからのよくある質問をご案内しております。